Martin Thurn-Mithoff – Kenneth Cronin

Übersetzungshilfen

Englisch – Deutsch – Englisch

W0191565

Martin Thurn-Mithoff
Kenneth Cronin

Übersetzungshilfen

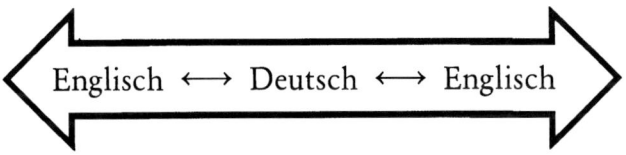

Englisch ⟷ Deutsch ⟷ Englisch

ISBN 3-922514-22-7
1. Auflage 1995 ..... 5. Auflage 2010

© Logophon Verlag, Mainz

Verlagsherstellung: Gabriele Schaub, Mainz
Umschlaggestaltung: Martina Horn, Wiesbaden
Satz: Rheingold-Satz, Flörsheim-Dalsheim

INHALTSVERZEICHNIS

VORWORT

Dieses Buch ist als Einführung in die Problematik der Übersetzungstechnik gedacht und nicht als Hilfestellung für den erfahrenen Übersetzer. Es soll ein Problembewußtsein entwickeln, erhebt aber nicht den Anspruch, den letzten Feinschliff zu vermitteln.

Nach vieljähriger Erfahrung als Übersetzer und Lehrer für Übersetzungen an Fachschulen zur Ausbildung von Fremdsprachenkorrespondent/innen, Europasekretär/innen, Direktionsassistent/innen und Betriebswirt/innen stellten wir fest, daß es kein geeignetes Lehrbuch für diese Zielgruppe gibt. Gute Werke konzentrieren sich eher auf literarische und allgemeine Texte oder lassen eine auf Problembereichen beruhende Struktur vermissen, wie es etwa bei verschiedenen kommentierten Wirtschaftsübersetzungen der Fall ist.

Unser Buch ist daher in drei Sektionen eingeteilt:

Teil A: Eine kurze Einführung in die Übersetzungstechnik, um einen groben Überblick zu vermitteln.

Teil B: Eine genauere Darstellung der einzelnen Problembereiche, um schnelles Nachschlagen zu ermöglichen.

Teil C: Ein Anhang zur Aufführung von Fehlerquellen, die nicht auf Mängeln in der Übersetzungstechnik beruhen.

Wir haben bewußt auf Modellübersetzungen und Übungen verzichtet, dafür aber jedes Kapitel mit vielen Kurzbeispielen versehen, denn es soll Lehrern und Studenten überlassen bleiben, aktuelle Texte auszuwählen und die jeweils auftauchenden Probleme anhand dieses Buches eingehend zu besprechen.

1995

M. Thurn-Mithoff
(BA Hons. Lond.), Staatl. gepr. Übersetzer, BDÜ

K. A. J. Cronin
Staatl. gepr. Übersetzer

,,Das Englische ist eine einfache, aber schwere Sprache.

Es besteht aus lauter Fremdwörtern,

die falsch ausgesprochen werden.''

Tucholsky 1931

GRUNDSÄTZLICHES
ZUR ÜBERSETZUNGSTECHNIK

Jeder, der sich zum ersten Mal mit Übersetzungen auseinandersetzt, steht vor der Frage, wie eine solche Arbeit anzugehen sei: „Soll ich wörtlich, oder fast wörtlich übersetzen, oder darf ich frei gestalten?'' Jeder Lehrer im Bereich Übersetzungstechnik wird diese Frage schon hundertmal gehört haben, wobei die Antwort wahrscheinlich keinem Studierenden als sehr hilfreich erscheint. Sie müßte nämlich lauten: „So nah am Text wie möglich, so frei jedoch wie nötig.'' Die Übersetzung des englischen Ausdrucks: "It's raining cats and dogs" allein unterstreicht die Gültigkeit dieser Maxime, andere Richtlinien gibt es eigentlich nicht. Natürlich kann man noch weiter spezifizieren, beispielsweise:

---

1. Eine Übersetzung darf inhaltlich nichts auslassen, nichts hinzufügen und nichts verzerren.

2. Sie darf nicht den Eindruck einer Übersetzung vermitteln.

3. Sie muß der Zielgruppe das gleiche intellektuelle und emotionale Erlebnis verschaffen wie dem Leser des Originals.

Bei eingehender Betrachtung jedoch erkennt man sofort, daß grundsätzlich nichts anderes gesagt wird als in dem kurzen prägnanten Satz zuvor. Auch wenn es selbstverständlich sein sollte: Jeder Übersetzer wird sich zu Beginn seiner Arbeit den gesamten Text durchlesen, um seine Aufgabe richtig zu verstehen, um eben das „intellektuelle und emotionale Erlebnis'' zu haben, das das Original vermittelt.

Ein Auszug aus einer Abhandlung über soziologische Probleme in ärmeren Wohngebieten soll die Problematik des Übersetzens verdeutlichen.

Betrachten wir folgenden Satz:

Is anything more important than education? Countless cases of young offenders have gone to show that if the social background is anything to go by, underprivileged persons in that respect find it more difficult to adapt to the demands imposed by our modern society.

Hier ein Übersetzungsvorschlag, der auf den ersten Blick akzeptabel erscheint:

‚Gibt es Wichtigeres als Erziehung? Zahllose Fälle von jungen Übeltätern haben gezeigt, daß, wenn der soziale Hintergrund ein Kriterium darstellen soll, in dieser Hinsicht unterprivilegierte Personen es schwieriger finden, sich den von unserer Gesellschaft auferlegten Anforderungen zu stellen.'

Bei näherer Betrachtung wird klar, warum dieser Übersetzungsvorschlag nicht die oben erwähnten Grundregeln berücksichtigt.

1. *education* ist nicht nur ‚Erziehung', sondern ebenso auch ‚Bildung'. Der soziologische Kontext macht deutlich, daß es sich hier um beide Aspekte handelt, sie also auch ausgedrückt werden müssen.

2. *young offenders:* Das Wörterbuch zeigt vielleicht ‚Beleidiger, Verbrecher, Übel-/Missetäter', alles Begriffe, die in diesem Zusammenhang entweder falsch, überzogen oder altmodisch sind. Da uns ein entsprechendes Substantiv im Deutschen fehlt, ist eine verbale Auflösung unter Substantivierung des vorausgegangenen Adjektivs empfehlenswert: ‚Jugendliche, die mit dem Gesetz in Konflikt geraten sind.'

3. *have gone to:* Das darauffolgende Verb bedarf im Deutschen einer Betonung, z. B. durch ‚im Laufe der Zeit, inzwischen, hinreichend', etc.

4. *that, if:* Doppelte Konjunktionen zur Einleitung zweier Nebensätze sind im Englischen üblich, verstoßen jedoch im Deutschen gegen das Stilgefühl. Hier empfiehlt es sich, nach der ersten Konjunktion im Deutschen zumindest das Subjekt des ersten Nebensatzes folgen zu lassen, bevor das Satzgefüge durch den zweiten Nebensatz ergänzt wird. In vielen Fällen wäre es auch angebracht, den zweiten

Nebensatz auf den vollständigen ersten folgen zu lassen. Bei Konstruktionen wie *that, although* oder *that, whilst* sollte man auch die Verwendung von ‚zwar' nicht vergessen, da in diesen Fällen keine Umstellung des Satzaufbaus notwendig wird.

5. *underprivileged persons:* Im Englischen kann ein Adjektiv nicht einfach substantivisch gebraucht werden. Im Deutschen klingt eine wörtliche Übersetzung von *persons* lächerlich. Zu empfehlen wäre also entweder eine direkte Substantivierung wie ‚Minderprivilegierte' oder eine dem Kontext angepaßte Umschreibung wie ‚benachteiligte Bürger'.

6. *imposed by:* Dies ist ein syntaktisches Bindeglied (siehe Seite 44), auf das im Deutschen verzichtet werden kann.

Aus diesen Anmerkungen ergibt sich nun ein zweiter, sehr viel besserer Übersetzungsvorschlag:

‚Gibt es Wichtigeres als Erziehung und Bildung? Zahllose Fälle von Jugendlichen, die mit dem Gesetz in Konflikt geraten sind, haben im Laufe der Zeit erwiesen, daß in dieser Hinsicht benachteiligte Mitbürger, sollte der soziale Hintergrund ein Maßstab darstellen, größere Schwierigkeiten haben, den gesellschaftlichen Anforderungen zu genügen.'

Wie sehr der Kontext die Wortwahl bestimmt, wird in diesem Beispiel bereits durch EDUCATION = ‚Erziehung' und/oder ‚Bildung' deutlich, da der Grundsatz x (Englisch) = y (Deutsch) eben nicht gilt, Wortfelder sich zwar überschneiden, aber nicht decken. Graphisch läßt sich das etwa so darstellen:

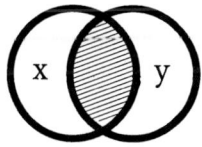

em vernünftigen Gebrauch eines Wörterbuchs fällt demnach eine äußerst wichtige Rolle zu. Wie oft hört man den empörten Aufschrei: ,,Aber das stand doch so im Wörterbuch!'', wenn Studierende ihre korrigierten Übersetzungen analysieren. Natürlich stand es im Wörterbuch, aber neben vielen anderen Übersetzungsvorschlägen, von denen viele noch mit Kürzeln versehen sind, die nicht außer acht zu lassen sind (jedes Wörterbuch erklärt diese Kürzel auf den ersten Seiten). Nehmen wir zum Beispiel folgenden Satz:

We cannot see our way to accommodating you any further.

Ein „middle-of-the-road" Wörterbuch wie Cassell's bietet:

accommodat-e [ə'kɔmədeɪt], *v.a.* (= *adapt*) anpassen (*to* (*Dat.*)); schlichten, beilegen (*a quarrel*); beherbergen, unterbringen, einquartieren; *-e a p. with s.th.*, einen mit etwas versehen *or* versorgen; einem mit etwas aushelfen *or* eine Gefälligkeit erweisen; *-e o.s. to circumstances*, sich in die Umstände fügen *or* schicken, sich den Verhältnissen anpassen; *be well -ed*, bequem wohnen, gut untergebracht sein. **-ing**, *pr.p. & adj.* gefällig, entgegenkommend. **-ion** [-'deɪʃən], *s.* die Anpassung (*to*, an); Beilegung, Schlichtung (*of a dispute*); Bequemlichkeit, Räumlichkeit, der Platz; das Darlehn, die Aushilfe (*with money*); Unterkunft, Unterbringung, Versorgung; Gefälligkeit; *have good -ion*, gut untergebracht sein, behaglich wohnen; bequem eingerichtet sein (*as a hotel*); *-ion for cyclists*, Unterkunft für Radfahrer; *find -ion*, unterkommen; *seating -ion*, die Sitzgelegenheit. **-ion-bill**, *s.* der Reitwechsel, das Gefälligkeitsakzept (*C.L.*). **-ion-ladder**, die Fallreeptreppe (*Naut.*).

Was nun? Sollen wir übersetzen:

,Es ist uns nicht möglich, Sie weiterhin unterzubringen.'

Oder vielmehr:

,Es ist uns nicht möglich, Ihnen noch weiter entgegenzukommen.'

Der Stil des Satzes (ein Hotelmanager würde kaum so sprechen), vor allem aber der Kontext machen deutlich, daß nur die zweite Version in Frage kommt, obwohl das Wörterbuch das Verb ,entgegenkommen' gar nicht anbietet, sondern sich auf das Adjektiv ‚entgegenkommend' beschränkt. Natürlich ist dieses Beispiel sehr einfach gewählt und manchen bestensfalls eines Lächelns würdig, doch verdeutlicht es die Notwendigkeit eines korrekten, kontextbezogenen Gebrauchs des Wörterbuchs.

Call a spade a spade lautet ein englisches Sprichwort, das auch generell auf die Übersetzungstechnik zutrifft. Es erweist sich oft als hilfreich, den Text in der Ausgangssprache zu vereinfachen, um schneller, genauer und stilistisch besser in die Zielsprache übersetzen zu können.

Daß Obelix in *Asterix in Britannien* meint: ‚‚Die spinnen, die Briten!'', hat vielleicht auch etwas damit zu tun, daß Sätze wie: ‚Es ist ein lieblicher Tag heute, ist es nicht?', ihm sehr fremd vorkommen müssen. Viele Studierende jedoch sind der Ansicht, den Satz: *This is a problem we have had for many years* mit ‚Dies ist ein Problem, das wir viele Jahre gehabt haben' übersetzen zu müssen. Neben der Sinnentstellung durch falsche Übersetzung des PRESENT PERFECT klingt dieser Satz auch rein stilistisch nach einer Übersetzung. Zu empfehlen wäre daher: ‚Dieses Problem haben wir seit vielen Jahren.' Das Prinzip der Vereinfachung ist offensichtlich, jedoch sei angemerkt, daß es weit häufiger für Übersetzungen aus dem Deutschen ins Englische angewandt werden sollte als umgekehrt. Beispiel:

> ‚Die Firma verfügt über zahlreiche Verbindungen
> auf dem britischen Markt.'

Im Englischen empfiehlt sich: *The company has many connections on the British market* oder *The company is well-established on the British market*. Eine Übersetzung wie: *The company disposes over numerous connections on the British market* klingt nach Übersetzung. It just isn't English!

Zum Abschluß der Einleitung noch einmal Kurt Tucholsky, diesmal aus dem Jahre 1926:

> Sag nicht: ‚Die Auswanderung ließ nach.' Wo kämen wir da hin?
> Sag: ‚Emigration ist ein völkergeschichtliches Problem, dessen Diminuation zu dieser Epoche ein beachtliches Phänomen darstellt.'

Etwas übertrieben, ,,but very much to the point''.

Der folgende Hauptteil dieses Buches untersucht nun typische Problemfelder, um anhand von Erläuterungen und Beispielen gewisse Techniken des Übersetzens darzustellen, ohne den Anspruch auf Allgemeingültigkeit erheben zu wollen.

PROBLEMFELDER

1. Zwei-in-Einem

In der englischen Sprache finden sich häufig Beispiele, in denen ein Grundkonzept durch zwei gleichartige Wörter ausgedrückt wird. Eine wörtliche Übersetzung ins Deutsche scheitert bereits an den semantischen Ungleichheiten beider Sprachen, d. h. eine für den Engländer natürliche Differenzierung ist dem Deutschen fremd, was im folgenden Beispiel sogar auf klimatische Unterschiede zurückgeführt werden könnte: "His plane could not land because of all the *fog and mist.*" Unterschiedliche Nebelarten lassen sich nicht durch deutsche Hauptwörter ausdrücken, so daß der Übersetzer gezwungen ist, durch Adjektive zu präzisieren: Wegen des *starken Nebels* konnte sein Flugzeug nicht landen.

● Weitere Beispiele:

We appreciate the *care and attention* given to the execution of our order.	Wir schätzen die *sorgfältige Ausführung* unseres Auftrags.
He was full of *aches and pains.*	Er hatte *starke Schmerzen.*
The coastline was full of *bays and coves.*	Die Küste war voller *großer und kleiner Buchten.*

Auch Verben und Adjektive werden im Englischen häufig verdoppelt, was zu ähnlichen Übersetzungsproblemen führt. Hier gilt ebenfalls das Prinzip der Präzisierung, meistens durch Adverbien, auch wenn zuweilen ein einziges Wort als Übersetzung ausreichen kann (real "two-in-one")

Schriftsteller = writer and author.

● Beispiele mit Verben:

No decision has been taken; we just have to *wait and see*.	Es wurde noch keine Entscheidung getroffen; es bleibt uns nichts übrig als *abzuwarten*.
Mrs Parker *went to see* the Personnel Manager.	Frau Parker *ging* zum Personalchef.
These companies *lend and borrow* workers from each other as if they were books.	Diese Firmen *leihen sich* Arbeiter untereinander aus wie Bücher.
Our turnover has increased by *leaps and bounds*.	Unser Umsatz ist *sprunghaft angestiegen*.

● Beispiele mit Adjektiven:

He proved to be a *loyal and faithful* employee.	Er erwies sich als *treu ergebener* Angestellter.
This was a *fit and proper* comment to make.	Dies war eine *sehr passende* Bemerkung.
His analysis of the production process was *exact and scientific*.	Seine Untersuchung des Produktionsablaufs war *wissenschaftlich genau*.
The canteen was *neat and clean*.	Die Kantine war *peinlich sauber*.

Abschließend noch der kurze Hinweis auf die bereits in der Einleitung erwähnten Wortfelder. Je nach Textzusammenhang finden „Ein-

Wort''-Begriffe der Ausgangssprache mehrere Begriffe in der Zielsprache:

> He wanted to pull down the *wall*.

Handelt es sich hier um eine *Mauer* oder eine *Wand*? Nur der Kontext kann die Antwort liefern, denn es war bestimmt nicht die Berliner Wand, die 1989 ihr Ende fand.

Genauso unsinnig wäre es, sich für die Küche "a new wardrobe" zu beschaffen und "the cupboard" ins Schlafzimmer zu stellen, auch wenn das deutsche Wort ,,Schrank'' beide Bereiche abdeckt.

2. Probleme bei Zeitformen

Jeder weiß, daß die Unterschiede im Gebrauch der Zeitformen bei Verben zu den größten Schwierigkeiten der englischen Grammatik gehören. Es ist aber nicht unsere Aufgabe, grammatikalische Probleme zu erklären, sondern nur ihre Auswirkungen auf Übersetzungen zu untersuchen. Sinnentstellende Fehler in Übersetzungen beruhen eben häufig auf falschem Gebrauch der Zeitformen. Wenn der Tourist in London auf die Frage: *"How long have you been here?"* mit *"I am here for three days"* antwortet, da er fast wörtlich übersetzt: „*Ich bin seit drei Tagen hier*", beantwortet er damit eine Frage, die gar nicht gestellt wurde ('How long are you going to stay?") und verwirrt seinen Gesprächspartner völlig.

a. Probleme beim Präsens

Das deutsche Präsens hat größere Verwendungsmöglichkeiten als das englische PRESENT SIMPLE und verleitet daher zu vielen Fehlern.

Der Vorstand beschloß auf seiner jüngsten Sitzung, daß Herr Müller die Verkaufsabteilung *übernimmt.*	The Board of Directors decided during its latest meeting that Mr. Müller *will take over* the sales department.

Das deutsche Präsens drückt hier eine Handlung in der Zukunft aus, die im Englischen durch das SIMPLE FUTURE wiederzugeben ist.

● Weitere Beispiele:

Wir *müssen* bald unser Umsatzproblem lösen.	We *will have to* solve our turnover problem very soon.

Das Ziel ist ein gemeinsamer Versicherungsmarkt, in dem jedes EG-Unternehmen seine Dienste in jedem EG-Land *anbieten darf.*	A common insurance market in which every EC company *will be allowed to offer* its services in every EC country, is the ultimate goal.

Frau Meier *fährt* nächste Woche nach Köln, um den Vertrag zu unterschreiben.	Mrs Meier *will go* to Cologne next week to sign the contract.

Natürlich fallen auch die berühmten Regeln für "IF"-clauses unter diese Kategorie:

Wenn Sie darauf bestehen, *ziehe ich* mein Angebot *zurück.*	If you insist, *I will withdraw* my offer.

Die Verwendung des PRESENT CONTINUOUS läßt häufig auch ein ergänzendes Adverb im Deutschen nützlich erscheinen:

They *are working* on it.	Sie *arbeiten gerade* daran.

Don't disturb them! They *are having* a conference.	Bitte stören Sie nicht! Sie *halten gerade* eine Konferenz ab.

In seltenen Fällen empfiehlt sich diese Technik sogar für die Übersetzung des Present Simple, wenn die Betonung auf der allgemeinen Gültigkeit der Aussage liegt:

He *is having* some difficulties but he *is* a good worker.	Er *hat momentan* einige Schwierigkeiten, *ist* aber *normalerweise* ein guter Arbeiter.

b) Probleme beim Present Perfect

Daß der falsche Umgang mit dem PRESENT PERFECT zu den häufigsten Fehlerquellen gehört, ist jedem Lehrer hinreichend bekannt.

Wenn wir den deutschen Satz ‚Wir haben die Ware gestern mit der MS KENIA verschifft' wörtlich mit: *We have shipped the consignment on board MS KENIA yesterday* übersetzen, handelt es sich hier um einen simplen Grammatikfehler, da die Zeitangabe im Satz das SIMPLE PAST erfordert.

Problematischer wird es jedoch, wenn wir bei der Übersetzung mit adverbialen Zusätzen arbeiten müssen oder sogar das deutsche Präsens benutzen sollten, um das PRESENT PERFECT gerecht wiederzugeben.

The United States has been buying other countries' products without exporting their own.

Eine Übersetzung wie:

,Die Vereinigten Staaten haben die Produkte anderer Länder gekauft, ohne eigene zu exportieren.'

wird dem englischen Satz nicht gerecht, denn es entsteht im Deutschen das Gefühl, als handele es sich hier um eine abgeschlossene Angelegenheit in der Vergangenheit. Eine angemessene Übersetzung müßte sowohl einen adverbialen Zusatz als auch das Präsens im Deutschen verwenden:

,Die Vereinigten Staaten kaufen seit einiger Zeit Produkte anderer Länder, ohne eigene zu exportieren.'

Dieses Prinzip muß umgekehrt ebenfalls Anwendung finden, auch wenn in diesem Beispiel der Zusatz: "... for some time ..." möglich wäre.

● Weitere Beispiele:

Der Umsatz stimmt, aber unsere Schulden *häufen sich* seit einiger Zeit.	Our turnover is satisfactory, but *we have been accumulating* debts (for some time).
We regret being unable to help you as we *have been experiencing* financial bottlenecks.	Wir können Ihnen leider nicht helfen, da wir mit finanziellen Engpässen *zu kämpfen haben*.

Wir *befinden uns* seit langer Zeit in einer Rezession.	We *have been faced* with a recession for a long time.

Anschließend noch der Hinweis, daß diese Technik nicht immer Anwendung findet, da in vielen Fällen das PRESENT PERFECT im Deutschen mit dem PERFEKT zu übersetzen ist, wenn es sich nämlich um eine völlig abgeschlossene Handlung handelt.

c) Probleme bei der indirekten Rede

Beim korrekten Gebrauch der indirekten Rede im Deutschen macht bereits der KONJUNKTIV I deutlich, daß es sich im Text nicht um eine Tatsache, sondern um die Wiedergabe der Worte anderer Quellen handelt (Er sei, er habe, er komme etc.). Im Englischen bedarf es häufig des Zusatzes: She said, officials reported, etc, um klarzustellen, daß der Autor nicht seine eigene Meinung oder Tatsachen ausdrückt, denn die in der indirekten Rede verwendeten Zeitformen lassen sich nicht vom INDIKATIV unterscheiden. Eine eindeutige Regel, wann die Quelle erwähnt werden muß, gibt es nicht, so daß nur der gesunde Menschenverstand die Entscheidung treffen kann. Daher kann es auch keine ,,Ein-Satz-Beispiele'' geben. Es empfiehlt sich häufig, mehrere Sätze mit: ... *he said, adding that* ... zu verbinden, um unnötige Wiederholungen zu vermeiden. Der folgende Absatz und die angebotene Übersetzung sind also lediglich als Hinweis auf die Problematik zu verstehen und nicht als Regel, denn letztendlich entscheidet der Leser, ob er noch zwischen Autor und Quelle unterscheiden kann. Wichtig jedoch ist, daß bei der Übersetzung aus dem Englischen ins Deutsche die häufigen Hinweise auf die Quelle weggelassen werden, weil sie unnötig sind und stören.

Der Außenministerrat der EG hat am 21. Februar eine Erklärung zu den Handelsbeziehungen mit den USA abgegeben, in der mit Beunruhigung die Zunahme protektionistischen Drucks in Amerika festgestellt wird. Für	On 21 February, the EC Council of Foreign Ministers issued a statement on trade relations with the US, expressing their concern about the increase in protectionist pressure in America. Import restrictions had been imposed on

eine ganze Reihe von europäischen Erzeugnissen seien Importrestriktionen vorgenommen worden. Die amerikanische Maschinenindustrie verlange Einfuhrzölle und habe die Regierung aufgefordert, Stellung zu nehmen. Antidumping-Untersuchungen seien gegen Weinimporte aus Europa eingeleitet worden.

a number of European products, the Council said, adding that the American machine-tool industry was calling for tariffs and had asked the US administration to comment on the situation. The officials went on to say that anti-dumping investigations against wine imports from Europe had been initiated.

NB: Welche Zeitenfolgen anzuwenden sind, gehört natürlich nicht hierher, doch könnte folgendes Schema, unter der Voraussetzung, daß der englische Einleitungssatz in der Vergangenheit formuliert ist, hilfreich sein:

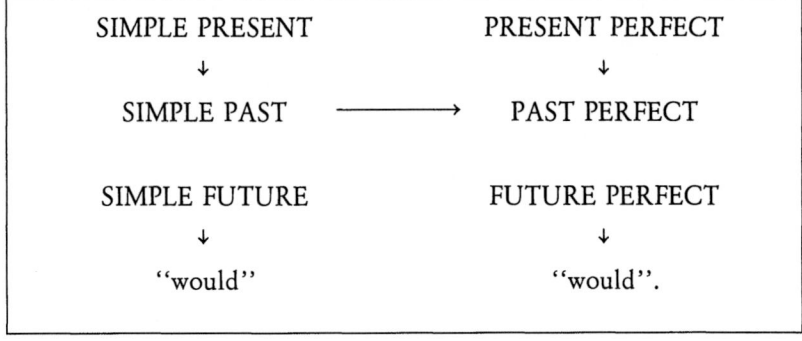

3. „Es gibt/sind"?

Diese Ausdrücke tauchen immer wieder in Übersetzungsarbeiten auf. Nicht selten bereiten sie dem noch nicht „flügge" gewordenen Übersetzer Kopfzerbrechen. Voraussetzung ist aber, bevor man an die Arbeit geht, daß Inhalt und Zusammenhang genau verstanden werden. Eine absolute Regel gibt es leider nicht, daher werden wir anhand einiger Beispiele den Nebel lichten:

Es *gibt* keine Währungsbegrenzungen.	*There are* no currency restrictions.
Die preiswertesten Angebote *gibt es* bei C. & A.	The best value for money *is to be had* (or found) at C. & A.'s.
Gestern *gab* es weniger Kunden bei uns.	*We had* fewer customers in the shop yesterday.
Es gab und gibt noch einen Preiskrieg in diesem Sektor.	*There has been, and still is* a price war in this sector.
Das *gibt es* wirklich: Service ohne Aufpreis.	Such things really *exist:* free service.
Das soll *es geben.*	Things like that *are said to happen.*

● So sollte es nicht sein:

There was a second middleman, a coffee broker, at the conference.	*Es war* ein zweiter Zwischenhändler, ein Kaffeemakler, bei der Konferenz.

There were three separate quotations in the envelope.	*Es waren* drei getrennte Angebote im Briefumschlag.
There's an invoice missing.	*Es fehlt* eine Rechnung.

● So könnte es sein:

There's been no reaction to our advertising campaign.	Unsere Werbekampagne *hat* keinen Erfolg.
There's not a trace of recession at present.	Augenblicklich *fehlt* jegliche Spur einer Rezession.
There's a market research programme on.	*Es läuft* eine Marktforschung.

4. Aktiv und Passiv

Der englische Satzbau ist sehr stark auf die Einhaltung der Reihenfolge

SUBJEKT – PRÄDIKAT – OBJEKT (SPO)

ausgerichtet, während das Deutsche eher zu Variationen neigt.

Dies könnte in einigen Fällen zu Konflikten führen, wenn wir die Maxime ,,So nahe wie möglich am Text . . .'' einhalten wollen, d. h. die Reihenfolge im Satz der Ausgangssprache in der Zielsprache ,,so wenig wie möglich . . .'' verändern wollen. Hier kann die Umwandlung einer Aktiv- in eine Passivkonstruktion oder umgekehrt hilfreich sein.

● Beispiele:

Ihm *standen* nur EUR 2 000,– Weihnachtsgeld zu.	He *was* only *entitled* to EUR 2,000 Christmas bonus.
Dem Abteilungsleiter *bereiteten* die überhöhten Spesen Sorgen.	The Head of Department *was worried* by excessive expense accounts.
Ihr *schuldete* der Arbeitgeber vier Wochen Gefahrenzulage.	She *was owed* four weeks' danger money by her employer.
Noch heute *fasziniert* uns der rapide wirtschaftliche Aufschwung.	Even today we *are (still) fascinated* by the rapid economic recovery.
Diesen Fuhrunternehmen *stehen* bestimmte Zollfreiheiten zu.	These carriers *are entitled* to certain customs freedoms.

The breakdown of talks (between employer and employees) *was followed* by an icy silence.	Dem Zusammenbruch der Tarifverhandlungen *folgte* eisiges Schweigen.

Man mag sich nun fragen, warum die Übersetzung im Beispiel ,,Noch heute fasziniert uns . . .", unter Einhaltung des SPO-Prinzips, nicht lauten sollte: "Even today, the rapid economic recovery fascinates us." Auf den ersten Blick erscheint eine solche Übersetzung unproblematisch, jedoch verletzt sie einen weiteren Grundsatz des englischen Satzbaus:

PERSON – DING – ABSTRAKTUM.

In einem englischen Satz sollten – so weit wie möglich – Person oder Ding als Subjekt verwendet werden, d. h. ein Abstraktum, wie im obigen Beispiel "economic recovery", kann nur in extremen Ausnahmefällen als handelndes Subjekt dienen. Das deutsche Sprachgefühl kennt dieses Problem kaum, zumal der Drang nach Variationsreichtum stärker ist.

Beispiel:

Die Wirtschaftsreformen in Argentinien
beeindrucken die internationalen Banken nicht.

Eine Übersetzung, in der das Abstraktum ,,Wirtschaftsreform" als AGENS, d. h. als ,,tätiges" Subjekt (,,beeindrucken") erscheint, wäre fast undenkbar. Auch hier müssen wir das Aktiv ins Passiv umwandeln.

International banks are not impressed
by Argentina's economic reforms.

● Weitere Beispiele:

Ein Berg von Akten *empfing* ihn jeden Morgen.	Every morning he *was greeted* by a pile of files.

Die schwierige Lage *fordert* von uns neue Investitionen.	New investments *are required* to cope with the difficult situation.

(In diesem Beispiel empfiehlt sich zudem das syntaktische Bindeglied "to cope", eine Technik, die in einem anderen Kapitel behandelt wird.)

Großen Konzernen *bieten sich* ungeahnte Möglichkeiten.	Large groups *are offered* unexpected opportunities.

Unsere Preise *verstehen sich* FOB Frankfurt.	Our prices *are quoted* FOB Frankfurt.

Ein weiterer Bereich, in dem die Umwandlung von AKTIV zu PASSIV Anwendung findet, ist die Übersetzung des deutschen „man". Natürlich gibt es Lösungsmöglichkeiten wie das recht pompös klingende "one" (One should not use "one" too often) oder das unpräzise "they". Eine Passivkonstruktion ist meistens angebrachter.

Beispiele:

In der ganzen Welt *spricht man* Englisch.	English *is spoken* all over the world.

Das *kann man* sich nicht so leicht vorstellen.	This *cannot be imagined* so easily.

Eine solche Entscheidung *darf man nicht treffen.*	Such a decision *must not be taken.*

Man sollte die Probleme der Arbeitnehmer *nicht außer Acht lassen.*	The problems of the employees *should not be neglected.*

Das Wort „sollen" bietet sich ebenfalls als Beispiel für die Nützlichkeit einer Passivkonstruktion im Englischen an. Solange wir das Präteritum oder den Konjunktiv „sollte(n)" vor uns haben, genügt eine Übersetzung mit "should, ought to, etc". Wie aber behandeln wir folgenden Satz:

Bundeskanzler Kohl flog gestern nach Washington,
wo er heute mit Präsident Clinton zusammentreffen *soll.*

Dieses „soll" bezeichnet doch einen Zeitplan, eine Erwartungshaltung oder vielleicht einen Bericht. Daher:

Chancellor Kohl left for Washington yesterday,
where he *is expected/scheduled* to meet President Clinton today.

Der Textzusammenhang allein gibt uns einen Hinweis auf die korrekte Übersetzung des Modalverbs „sollen", da eine solche, im Englischen weit verbreitete Passivkonstruktion im Deutschen unbekannt ist. Das Englische bietet eine Vielfalt von Möglichkeiten:

He is expected
scheduled
reported
said   to . . .
known
supposed
alleged etc.

Eine Übersetzung mit „sollen" wird fast allen Beispielen dieser Art gerecht. Neutrale Versionen kennt das Englische kaum, es sei denn, wir benutzen die Konstruktion "... is to ...", die jedoch unterschwellig bisweilen einen moralischen Anspruch ausdrückt:

You *are to* go there and discuss it with him.

Du *sollst* zu ihm gehen und es mit ihm besprechen.

● Weitere Beispiele:

Prices *are reported (said)* to be falling.

Die Preise *sollen* fallen.

30

We *are supposed to* complete the quotation by tomorrow.	Wir *sollen* das Angebot bis morgen fertigstellen.
The company *is alleged* to have fiddled its income-tax returns.	Die Firma *soll* ihre Steuererklärung frisiert haben.
The decision on the marketing of the new product *is to be taken after lunch.*	Die Entscheidung über die Vermarktung des neuen Produkts *soll* nach dem Mittagessen fallen.

Abschließend noch der Hinweis, daß dieses Umwandlungsprinzip auch umgekehrt Anwendung finden kann, da das Deutsche oft unpersönlicher formuliert als das Englische:

Beispiele:

Das sollte nicht *gemacht* werden.	We (you) shouldn't *do* that.
Die Gewinnspanne darf nicht zu klein *gehalten werden.*	We (you) shouldn't *keep* profit margins too low.
Mit dem Fahrer darf nicht *gesprochen werden.*	Do not *speak* to the driver (during the journey).

Wie überall sind also ,,technische" Flexibilität und Verständnis des Textzusammenhangs die alleinigen Kriterien.

5. Verben werden zu Adverbien

Wie wir im nächsten Kapitel sehen werden, läßt sich der deutsche „Nominalstil", d. h. der häufige Gebrauch von Hauptwörtern, im Englischen oft eleganter durch Verben auflösen. Dieser „Verbalstil" des Englischen läßt jedoch bei der Übersetzung ins Deutsche häufig den Gebrauch von Adverbien zu, fordert ihn gleichsam. In vielen Fällen bedarf dies eigentlich keiner Erläuterung, denn kaum jemand wird

> to like
> to prefer   +   INFINITIV bzw. GERUNDIUM
> to keep
> to continue

wörtlich ins Deutsche übersetzen.

> He *likes* studying the balance sheets
> but would *prefer* to be involved in active negotiations.

Eine Übersetzung „Es gefällt ihm ... aber er würde es vorziehen" klingt lächerlich, denn eine adverbiale Konstruktion wäre eleganter und kürzer:

> Er befaßt sich *gerne* mit Bilanzen,
> würde aber *lieber* an eigentlichen Verhandlungen teilnehmen.

In vielen anderen Fällen ist die Notwendigkeit der Anwendung dieser Technik nicht so offensichtlich.

> Our General Manager is a good businessman
> but he *tends* to make silly mistakes.

Es geht in diesem Satz doch wirklich nicht um Neigungen, denn keiner „neigt" dazu, dumme Fehler zu machen. Daher:

> Unser Chef ist ein guter Geschäftsmann,
> aber er macht *öfters/leicht* dumme Fehler.

Die Auswahl des richtigen Adverbs im Deutschen wird natürlich durch den Textzusammenhang bestimmt, genauso wie umgekehrt das englische Verb bei der Übersetzung aus dem Deutschen.

● Weitere Beispiele:

Our advertising department *has ceased* to exist.	Unsere Werbeabteilung besteht *nicht mehr.*
Mr. Smith had made an appointment but (he) *failed to* appear.	Mr. Smith hatte einen Termin abgemacht, diesen aber *nicht* eingehalten.
My head of department *appears to be* overworked.	Mein Abteilungsleiter ist *offenbar* überarbeitet.
We are *bound* to lose a considerable market share.	Wir werden *sicherlich* erhebliche Marktanteile verlieren.
His decision *went a long way* to solving our problem.	Seine Entscheidung hat unser Problem *weitgehend* gelöst.
After many negotiations they *came* to see our point of view.	Nach vielen Verhandlungen schlossen sie sich *allmählich* unserer Sichtweise an.
As everyone knows, the German economy is facing many problems.	Die deutsche Wirtschaft hat *bekanntlich* viele Probleme.

Im letzten Beispiel wurde die verbale Form sogar zu einem kurzen Nebensatz ausgeweitet, wodurch erneut an die Flexibilität des Übersetzers appelliert wird.

Abschließend noch ein kurzer Hinweis auf die "continuous form" englischer Verben im allgemeinen, die ab und an einen Zusatz im Deutschen wünschenswert erscheinen läßt.

After many futile attempts they *are* negotiat*ing* again.	Nach vielen vergeblichen Versuchen verhandeln sie *zur Zeit* wieder.

Ein Beispiel genügt hier, da das Kapitel *Probleme bei Zeitformen* sich mit der "continuous form" eingehender beschäftigt.

6. Hauptwörter werden zu Verben

Auch wenn es nicht als Regel gelten kann: Der englische Stil gibt oft verbalen Formulierungen den Vorzug vor nominalen.

Er bemüht sich um eine *direkte Aufnahme* in den Kurs.	He tried to obtain direct admission to the course.

Viel eleganter jedoch wäre:

He tried *to be admitted directly* to the course.

Die Technik der Auflösung von Hauptwörtern im Deutschen in verbale Konstruktionen im Englischen empfiehlt sich vor allem bei der Übersetzung von langen Schachtelsätzen oder zusammengesetzten Hauptwörtern, ist aber generell einsetzbar, um eine Übersetzung leserlicher zu gestalten.

Herr Müller zeigte eine *große Unsicherheit* bei den *Entscheidungsprozessen.*	He *was* quite *insecure* when it came to *making decisions.*

Eine Übersetzung wie: *He revealed a high degree of insecurity in the decision-making process,* liest sich viel schwerer und klingt einfach übertrieben.

Einige deutsche Hauptwörter können nur durch verbale Umschreibungen ins Englische übersetzt werden.

Seine *Schadenfreude* war groß.	He really enjoyed *laughing at other people's misfortune.*

(Zu erwähnen ist, daß das Wort „Schadenfreude", da nun einmal im Englischen nicht vorhanden, auch als deutsches Wort in englischen Texten zu finden ist.)

● Weitere Beispiele:

Die Firma bemühte sich um einen *Kredit*.	The company was trying *to obtain* further *credit*.

Sie hatte nichts weiter *im Sinn*, als sich ihren *Lebensabend zu sichern*.	She *was* only *interested* in *earning enough money for her old age*.

Japan hat sich gegenüber den USA zu weitreichenden Maßnahmen *zum Abbau* des hohen Handelsüberschusses verpflichtet.	Japan has promised the USA that it would take far-reaching steps *to reduce* its huge trade surplus.

(Hier ist auch die in einem anderen Kapitel besprochene Technik der syntaktischen Bindeglieder zur Anwendung gekommen.)

Natürlich geht es in den meisten Fällen nicht nur um das simple Schema HAUPTWORT – VERB oder umgekehrt, denn das letzte Beispiel zeigt eine etwas komplexere Lösungsmöglichkeit.

Recht naheliegend als Beispiel für zusammengesetzte Hauptwörter ist das bisher vielfach verwendete Wort ÜBERSETZUNGSVOR-SCHLAG.

Dieser *Übersetzungsvorschlag für* den letzten Satz ist sehr gut.	This is a very good suggestion on *how to translate* the last sentence.

Seine *Auffassungsgabe* vielschichtiger Probleme war unübertroffen.	His *ability to grasp* complex problems was unmatched.

Das deutsche Wort REISELUST (Übersetzung: A desire to travel) verrät die Schwierigkeiten, die das Englische mit dieser Art Begriffe hat. WANDERLUST hat, wohl nicht zuletzt wegen der Übersetzungsschwierigkeit, Eingang in das OXFORD ENGLISH DICTIONARY gefunden, ebenso wie der Begriff WELTANSCHAUUNG.

Auch hier noch der eigentlich selbstverständliche Hinweis, daß diese Technik mit umgekehrten Vorzeichen auch bei der Übersetzung ins Englische *ihre Anwendung* finden sollte.

This technique should also *be applied* when translating into English.

Unauthorized personell are not allowed *to enter* the computer room.	Unbefugtem Personal ist *der Zutritt* zum Computerraum nicht gestattet.

In einigen Bereichen, vor allem bei der Formulierung von Eigenschaften, gilt das umgekehrte Prinzip, d. h. englische Hauptwörter werden durch deutsche Verben wiedergegeben, wie die folgenden Beispiele zeigen, allen voran das berühmte Sprichwort:

Time is a *great healer*.	Die Zeit *heilt* alle Wunden.
This firm is a *big user* of our products.	Diese Firma *setzt* unsere Produkte *häufig ein*.
If you refuse to be *a speculator*, you might as well quit your job as a stockbroker.	Wenn du nicht *spekulieren* willst, kannst du gleich deinen Beruf als Börsenmakler aufgeben.
Our Personell Officer is a *good judge* of people.	Unser Personalchef *verfügt* über gute Menschen*kenntnis*.
John Smith is the *fastest packer* in our Despatch Department.	In unserer Versandabteilung *packt* John Smith *am schnellsten*.

In diesen Beispielen geht es also hauptsächlich um Eigenschaften, aber auch andere Zusammenhänge lassen es zu, Hauptwörter eventuell durch Verben in die Zielsprache zu übersetzen.

7. „What"-Sätze

Mit „what" eingeleitete Nebensätze bieten selten Verständnisprobleme, bereiten aber dem Übersetzer häufig Schwierigkeiten, da guter Stil eine direkte Übersetzung ins Deutsche oft nicht erlaubt.

Ein Satz wie:

The company has made up for what it had lost in the first quarter,

kann noch mit:

Die Firma machte (das) gut, was im ersten Quartal verloren wurde, übersetzt werden, jedoch empfiehlt sich wohl eher:

Die Firma hat die Verluste des ersten Quartals wieder wettgemacht.

Der Nominalstil im Deutschen erlaubt also eine Eingliederung des ursprünglichen Nebensatzes in den Hauptsatz. Ebenso:

This is what I call a dangerous   Ich halte dies für eine gefähr-
policy.   liche Politik.

Schwieriger sind jedoch folgende Sätze:

Friedmann outlined what he though was sound economic policy.

He expressed what many considered to be an inappropriate statement.

The General Manager advocated what appeared
to be two contrasting types of company policy.

Im ersten Beispiel ist eine präpositionale Wendung im Deutschen angebracht:

Friedmann umriß eine seiner Meinung nach
gesunde Wirtschaftspolitik.

Diese Technik könnte auch im zweiten Beispiel Anwendung finden, etwa so:

Er gab eine, nach Meinung vieler, unangemessene Erklärung ab.

Flüssiger liest sich aber:

> Er gab eine Erklärung ab, die viele für unangemessen hielten.

Bei dieser Technik wird das Substantiv, auf das sich „what" letztendlich bezieht, zum Objekt des Hauptsatzes, an den sich dann ein Relativsatz anschließt. Zur Veranschaulichung:

> He expressed what many considered

> to be an inappropriate statement.

Im dritten Beispiel kann diese Technik keine Anwendung finden, da das Zahlwort „zwei" dies verhindert. Möglich wäre, wie im ersten Beispiel, die präpositionale Wendung:

> Der Direktor bezog sich auf zwei,
> dem Anschein nach widersprüchliche Arten der Firmenpolitik.

Besser wäre jedoch ein dem Kontext zu entnehmender Oberbegriff für „policy", zum Beispiel:

> Die Direktor erwähnte Strategien,
> die zwei widersprüchliche Arten der Firmenpolitik zu sein scheinen.

Diese Technik des Oberbegriffs sollte jedoch mit Vorsicht angewandt werden, da sie häufig zu einem holprigen Stil verleitet; eine Hilfestellung also für Notfälle, wie:

In the darkness of the factory hall, Mr. Miller pointed out what resembled five modern turning lathes.	In der dunklen Fabrikhalle zeigte Mr. Miller auf Produkte, die wie fünf moderne Drehbänke aussahen.

● Weitere Beispiele:

The company acted on what they conceived to be their professional responsibility to their clients.	Die Firma handelte nach Grundsätzen, die sie als ihre berufsmäßige Pflicht gegenüber ihren Kunden ansah.

We have made all the arrangements for what we hope will be successful negotiations.	Wir haben alle Vorbereitungen für die Verhandlungen getroffen, die hoffentlich erfolgreich verlaufen werden.
He signed what he thought was a reasonable agreement.	Er unterschrieb eine, seiner Meinung nach vernünftige Vereinbarung.

In den meisten Beispielen ergeben sich natürlich mehrere Übersetzungsmöglichkeiten, da sich die erwähnten Techniken ja nicht gegenseitig ausschließen, sondern im jeweiligen Textzusammenhang ihre Anwendung finden sollen. Es ist aber notwendig, sich als Übersetzer dieser Tricks bewußt zu sein.

8. „With"-Konstruktionen

Neben seiner wichtigsten Funktion als Präposition erfüllt das englische Wort „with" noch eine weitere Rolle. In Verbindung mit einem Partizip, sowie gelegentlich einem Infinitiv oder einer präpositionalen Wendung, ist es praktisch eine Konjunktion, die verschiedene Arten von Nebensätzen einleiten kann. In der deutschen Sprache gibt es keine entsprechende Konstruktion, so daß man gezwungen ist, dieses sehr neutrale „with" durch eine ungleich präzisere Formulierung zu übersetzen. Wieder einmal ist es der Textzusammenhang, der bestimmt, welche Formulierung dem Original am ehesten entspricht, wobei eigentlich drei Techniken Anwendung finden können:

a) Konjunktion (trifft auf die meisten Fälle zu)
b) Neuer Satz
c) Relativsatz.

Diese drei Möglichkeiten schließen einander nicht aus, denn in einigen Beispielen gibt es mehrere Möglichkeiten:

a) Konjunktion

With the balance sheet *completed*, the Board of Directors was free to discuss other problems.	*Als* die Bilanz *erstellt war*, konnte sich der Vorstand anderen Problemen widmen.

In diesem Beipiel (wie auch in vielen anderen Fällen) kann man mehrere Konjunktionen nehmen (sobald, nachdem, da), ohne den Sinn zu entstellen. Man muß jedoch viel Feingefühl walten lassen, *wobei* der Kontext den richtigen Ton angibt (. . . *with* the context setting the right tone).

● Weitere Beispiele:

How am I to sell these goods *with* the dollar continually falling?	Wie soll ich diese Ware verkaufen, *wenn* der Dollarkurs ständig fällt?

With our turnover rapidly *increasing,* we might be writing black figures pretty soon.	*Da* unser Umsatz sehr schnell *ansteigt,* kommen wir vielleicht bald in die schwarzen Zahlen.

(Siehe auch Kapitel über idiomatische Ausdrücke.)

With corporate policy *changing* drastically, flexible production schedules will be essential.	Jetzt, wo die Firmenpolitik *sich* drastisch *ändert,* sind flexible Produktionspläne erforderlich.

(Siehe auch Kapitel über Zeitformen.)

With the secretary still in her office *typing* the invitation, Mrs. Smith made the decisive telephone call.	*Während* die Sekretärin noch in ihrem Büro die Einladungen *tippte,* erledigte Mrs. Smith den entscheidenden Telefonanruf.

b) Neuer Satz

Mercedes fared worst *with* sales *dropping* and workers *being made* redundant.	Am schlimmsten ging es Mercedes: die Umsätze *gingen zurück* und Arbeiter *wurden entlassen.*

Natürlich wäre auch hier eine Konjunktion in der Übersetzung möglich (z. B. denn), doch liest es sich flüssiger, wenn nach einem Doppelpunkt ein neuer Satz beginnt.

● Weitere Beispiele:

Management decided to carry on *with* nothing *to build on* but an empty warehouse and an outdated assembly hall.	Das Management beschloß weiterzumachen; *es standen* nur noch eine leere Lagerhalle und eine veraltete Montagehalle *zur Verfügung.*

With the Personel Officer *on sick leave* and the General Manager out on business, work came to a standstill.

Der Personalchef *war krank* und der Direktor auf Geschäftsreise. So kam die Arbeit zum Erliegen.

---

c) Relativsatz

We saw the employees discussing the strike *with* their hands firmly *holding* the leaflets, when the shop steward appeared.

Wir sahen, wie die Angestellten, *die* die Flugblätter fest in den Händen *hielten*, über den Streik sprachen, als der Vertrauensmann auf der Bildfläche erschien.

In the present situation, *with* the dollar *showing* no sign of recovering, new investments will be dangerous.

In der jetzigen Situation, *in der* der Dollar keine Anzeichen einer Erholung *zeigt*, sind neue Investitionen gefährlich.

Abschließend läßt sich vor allem auf der Grundlage der gegebenen Beispiele feststellen, daß die Techniken b) und c) nur in seltenen Fällen anzuwenden sind, sich meistens also eine Konjunktion im Deutschen empfiehlt. Nur, wenn wir wirklich den neutralen Charakter der WITH-Konstruktion im Deutschen wiedergeben wollen, sind neue oder Relativsätze eine ernstzunehmende Alternative.

. . . with the rest of the problems entirely left to you!!

9. Syntaktische Bindeglieder

Im Deutschen wird die Präposition häufiger angewandt als im Englischen, zumindest was Übersetzungstechniken anbelangt. Im Deutschen kann man nach Belieben präpositonale Strukturen an andere Satzteile anschließen, ohne auf die logischen Zusammenhänge viel Rücksicht zu nehmen. Das geht im Englischen nicht.

Nehmen wir als typisches Beispiel:

The workers in nearly every case . . .

Dies ist aber eine unvollständige Fügung; man fühlt sich gezwungen, den logischen Zusammenhang mit Hilfe eines Verbs herzustellen. Das kann geschehen mit Hilfe eines PARTIZIPS, eines INFINITIVS oder anderer Zusätze. Solche Verfahren gelten für beide Übersetzungsrichtungen.

a) Verwendung des Partizips

Beispiele:

Die Arbeiter *in* fast jedem Fall haben mehr oder weniger die gleichen Qualifikationen.

The workers *employed in* nearly every case have more or less the same qualifications.

Vom Golfkrieg *her* bestehen große Schulden.

There are enormous debts *deriving from* the Gulf war.

Die Probleme *bei* der Auswahl der richtigen Verpackung wurden erst später deutlich.

The problems *involved* in selecting the right packing did not emerge until much later.

(Man beachte auch die Übersetzung von ,,erst'' mit ,,not until''.)

Wir haben ein Warenangebot *von* Normalfahrrädern *bis* hin zu Mountain-Bikes.

We sell models *ranging from* standard bicycles to mountain bikes.

Die Waren *im* Schaufenster waren alle japanischer Herstellung.	The goods *displayed in* the shop window were all of Japanese manufacture.

b) Verwendung des Infinitivs

Ich bin enttäuscht *über* Deine Entscheidung.	I am disappointed *to note* your decision.
Er kaufte sich einen Wollmantel *für* den Winter.	He bought himself a woollen overcoat *to wear* in winter.
Sie waren *beim* Weihnachtsmarkt.	They've been *to see* the Christmas Fair.
Ich warte *auf* Deinen Liebesbrief.	I'm waiting *to receive* your love letter.
Meine Mutter war entsetzt, *daß* sie kein Haushaltsgeld mehr hatte.	My mother was mortified *to find/to note* that her household money had run out.

c) Verwendung anderer Zusätze

Er unterschrieb den Wechsel ohne Rücksicht *auf* die Schulden.	He accepted the draft regardless of the debts *involved*.
Die Firma ist sehr gefragt *aufgrund* ihres Warenangebots.	The company is very much in demand *for* the range of goods *it offers*.

ANHANG

1. Syntax

a) Allgemeines

Abgesehen von anderen sprachlichen Gebieten unterscheidet sich auch die Wortstellung in der englischen und der deutschen Sprache. Für das Englische gilt die Formel:

> ## S P O M P T.

Subject – Adverb of indefinite time or repeated action (often, sometimes, frequently, never, ever etc.) – *Predicate* – *Object* (Dative Object + Accusative Object or Accusative Object + Dative Object with "to") – Adverbs of *Manner* (how?) – *Place* (where?) and *Time* (when?).

Beispiele:

> The housewife usually does her shopping alone at the supermarket every Tuesday.
>
> She often goes out on her bicycle.
>
> They are generally at school in the evenings.

Das „adverb of time" kann auch als Einführung am Anfang des Satzes stehen.

b) Inversion

Steht das Subjekt nicht am Anfang eines Satzes, sondern ein anderes Wort oder eine andere Einheit, findet die Inversion folgende Anwendung:

In DIREKT-FRAGEN kommt das Subjekt nach dem ersten Hilfsverb:

The mail has arrived.
Has the mail arrived?

John can speak Spanish.
Can John speak Spanish?

You will have to go.
Will you have to go?

Gibt es jedoch kein Hilfsverb im Satz, kommt das Hilfsverb ,,to do''
vor dem Subjekt.

Your son works well.
Does your son work well?

He went for a walk yesterday.
Did he go for a walk yesterday?

Das Verb ,,to be'' wird in allen Zeitformen ohne Anwendung eines
Hilfsverbs eingesetzt:

The are going on holiday.
Are they going on holiday?

John was present.
Was John present?

In Fragen gibt es keine Inversion. Wird ein Interrogativpronomen als
Nominativ oder Subjekt verwendet, findet keine Inversion statt.

Who is in your garden?

What has happened to your face?

How many tourists arrived yesterday?

Die Inversion benutzt man auch bei bestimmten negativ betonten Adverbien, wie z. B.:
scarcely, rarely, seldom, hardly, never, never again, nor, neither, not
until etc.

Inversion bei Ausdruckssätzen:

How beautiful she is!
How well you speek Serbo-Croat!
How wonderful nature is!

Vergleich: How old are you?   60.
                How old you are!

c) Verschiedenes

Englische Sätze sollten grundsätzlich mit dem Subjekt beginnen, es sei denn, man möchte ein anderes Wort im Satz betonen: *He usually plays golf at 8 am, but this morning he played at 10 am.* Partizipialkonstruktionen sind ebenfalls eine Ausnahme: *Having done his homework, he went to the cinema.*

ACHTUNG!!

Falsch: Walking under a ladder, a pot of paint fell on his head.
Richtig: While he was walking under a ladder, a pot of paint fell on his head.

Das Verb und das Objekt dürfen NIE getrennt werden!
Falls das Adverb of Manner (wie?) durch eine lange Konstruktion vom Verb isoliert wird, kann das Adverb vor dem Verb erscheinen:

He quickly jumped over the wall to avoid being seen by the police.

,,There is'' und ,,there are'' werden in Sätzen ohne Objekt gebraucht.

49

2. Idiomatische Ausdrücke

Da es zahlreiche Bücher auf dem Markt gibt, die mehr als ausreichend erklären, was idiomatische Ausdrücke sind und wie sie verwendet werden, wollen wir in diesem Kapitel lediglich eine Reihe von gemischten Beispielen aufführen, die des öfteren im ,,Business English'' sowie in der ,,Deutschen Geschäftssprache'' zu hören oder zu lesen sind. Zunächst einige Beispiele, die nicht oder fast nie aus dem Englischen ins Deutsche übersetzt werden:

1. FLEXI-TIME ist sehr beliebt in vielen Unternehmen.
2. Der LOAD-FACTOR ist ein wichtiger Bestandteil bei der Bestimmung des Gewinns.
3. Er verdiente sich eine goldene Nase an der Börse mit INSIDER-DATA.
4. Der BREAK-EVEN-POINT läßt auf sich warten.
5. Ein MARKETING-MANAGER muß sich immer auf das Produkt konzentrieren.
6. MANAGEMENT-BUYOUT bedeutet selten Soforterfolg.

(Wie sinnvoll es ist, hier den englischen Begriff stehenzulassen, zeigt die Übersetzung des Wortes *to manage* ins Deutsche: ,bewältigen'!)

Hier einige Beispiele, die nicht leicht ins Deutsche zu übertragen sind:

1. I get your drift. (Ich bekommen Deinen Abtrift.) Richtig: Ich weiß, was Du meinst.
2. There may be a loophole somewhere. (Es gibt vielleicht ein Schlupfloch irgendwo.) Richtig: Es gibt vielleicht einen Ausweg.
3. Perhaps we should wait for the all clear. (Wir sollten vielleicht auf eine Entwarnung warten.) Richtig: Laß uns erst auf das Startsignal warten.
4. Acquiring new markets in the East was a piece of cake. (Die Akquisition neuer Märkte im Osten war ein Stück Kuchen.) Richtig: Die Akquisition neuer Märkte im Osten war ein Kinderspiel/ Spaziergang.

5. Someone's been cooking the books. (Jemand hat die Bücher gekocht.) Richtig: Jemand hat die Bücher (Zahlen) frisiert.
6. If the boss gets to hear about this, we'll be in the soup. (Wenn der Chef davon erfährt, werden wir in der Suppe sein.) Richtig: Wenn der Chef davon erfährt, kommen/landen wir in Teufels Küche.

Wie es häufig bei Sprachübertragungen der Fall ist, gibt es eine weitere Gruppe, die eine haargenaue Übersetzung bietet, und zwar in beide Richtungen:

Wir sind in den roten/schwarzen Zahlen.	We're recording red/black figures.
Die Ware geht weg wie warme Semmeln.	The goods are selling like hot cakes (almost!)
Die nehmen uns das Brot aus dem Mund mit ihrer Konkurrenz.	They're taking the bread out of our mouths with their competition.

Interessant ist im zweiten Beispiel, daß die Deutschen ,,Semmeln'' (bread rolls) vorziehen, während die Engländer ,,cakes'' (Kuchen) benutzen. Liegt der Erklärung vielleicht in der Mentalität oder in den jeweiligen Eßgewohnheiten, oder sind englische Kuchen einfach köstlicher als deutsche? Food for thought, nicht wahr?

Zum Schluß dieses Kapitels eine Reihe von verschiedenen Beispielen:

Let's not beat about the bush.	Laßt uns nicht um den heißen Brei herumreden.
He can't see the wood for trees.	Er sieht den Wald vor lauter Bäumen nicht.

You can't do two things at the same time.	Du kannst nicht auf zwei Hochzeiten tanzen.
Six of one, and half-a-dozen of the other.	Gehüpft wie gesprungen/Jacke wie Hose.
It leaves a lot to be desired.	Das läßt viel zu wünschen übrig.
That's old hat.	Das ist Schnee von gestern/ kalter Kaffee.
In for a penny, in for a pound.	Wenn schon, denn schon/wer „A" sagt, muß auch „B" sagen/ Mitgegangen – mitgehangen.
We'll get back to that another time.	Aufgeschoben ist nicht aufgehoben.

3. Falsche Freunde

Da sich die englische Sprache zu einem erheblichen Teil aus germanischen Sprachen entwickelt hat (Angeln/Sachsen/Dänen) und außerdem Begriffe lateinischen und griechischen Ursprungs sowohl ins Deutsche wie auch ins Englische Eingang gefunden haben, stoßen wir häufig auf Wörter, die in beiden Sprachen sehr ähnlich aussehen und klingen. Diese „vermeintlichen Freunde" (false friends) verleiten jedoch häufig zu sinnentstellenden Fehlern. Über die Bestellung im Restaurant: "Waiter, I become a steak", mag man noch schmunzeln, wie häufig jedoch „actual" und „eventually" zu schweren Übersetzungsfehlern führen, weiß jeder Übersetzungslehrer nur zu gut.

Eine kurze Aufstellung der wichtigsten Begriffe dieser Kategorie erscheint daher sinnvoll. Es ist nicht nur die richtige Bedeutung dieser Wörter angegeben, sondern auch deren scheinbare Bedeutung.

actual	wirklich; tatsächlich	*aktuell* (zeitgemäß)	topical (interest) current (affairs) urgent (problem)
advocate	Fürsprecher; Verfechter an ~ of equal pay for woman	*Advokat* (Anwalt)	lawyer (Jurist allg.; barrister (Anwalt an höheren Gerichtshöfen); Am. attorney; counselor
alley	schmale Gasse; Durchgang; blind ~ Sackgasse	*Allee*	avenue; road with trees
also	auch	also	thus; so (Konj.) consequently; therefore (Konj.)
anxious	besorgt um ~ about her son's health eifrig bedacht auf ~ to help	*ängstlich* (furchtsam)	timid; fearful shy (schüchtern)

to become	werden	*bekommen*	to get; receive; obtain
to behold	betrachten; erblicken	*behalten*	to keep; retain
to blame	tadeln; Tadel; Schuld	*blamieren* (sich blamieren)	to expose s. b. to ridicule; to make a fool of oneself
brave	tapfer	*brav* (artig) (anständig)	good; well behaved; honest; right
briefcase	Aktenmappe; -tasche	*Brieftasche*	wallet
can	Blechkanne (milkcan) Am. Konservendose (Brit. tin)	*Kanne*	pot (Kaffee/ Teekanne); jug (Krug)
circle	Kreis	*Zirkel*	(a pair of) compasses
college	Teil einer Universität	*Kollege*	colleague; fellow teacher (Lehrer)
companion	Begleiter; Kamerad	*Kompagnon*	partner; associate (Teilhaber)
to concur	zusammentreffen; übereinstimmen	*konkurrieren*	to compete (with, for)
concurrence	Übereinstimmung	*Konkurrenz*	competition
critic	Kritiker	*Kritik*	criticism
dome	Kuppel	*Dom*	cathedral
dumb	stumm	*dumm*	stupid; silly; foolish
eventually	schließlich; endlich	*eventuell*	possibly; perhaps
fabric	Gewebe; Stoff; Struktur	*Fabrik*	factory; mill

floor	Fußboden; Stockwerk	*Flur*	corridor; hall
to flatter	schmeicheln	*flattern*	to flutter
genial	heiter; fröhlich	*genial*	ingenious; highly gifted
gift	Gabe; Geschenk	*Gift*	poison
gracious	freundlich; gütig; gnädig	*graziös*	graceful
gymnasium	Turnhalle	*Gymnasium*	secondary (grammar) school
harvest	Ernte	*Herbst*	autumn; Am. fall
high school	Am. Schule für Schüler ab dem 11. Lebensjahr	*Hochschule*	university; college; academy
hose	Schlauch; langer Strumpf	*Hose*	(pair of) trousers
housemaster	Hausleiter (Internat)	*Hausmeister*	caretaker
human	menschlich	*human*	humane
keen	scharf; eifrig	*kühn*	bold; courageous; fearless
knave	Schurke	*Knabe*	boy
landlady	Hauswirtin	*Landfrau*	countrywoman
magistrate	Richter an unteren Gerichthöfen	*Magistrat*	town council
map	(Land)Karte	*Mappe*	portfolio; briefcase (Aktenmappe)
mark	Markierung; Zeichen	*Marke*	make (Fabrikat); brand (Sorte)

marmalade	Orangenmarmelade	*Marmelade*	jam
meaning	Bedeutung; Sinn; Absicht	*Meinung*	opinion; view
middle-aged	mittleren Alters	*mittelalterlich*	medieval
mist	Nebel	*Mist*	dung; manure
note	1. Notiz; Anmerkung 2. einzelne Note (Musik) 3. Banknote	*Note(n)*	mark (Zensur); music book (Notenheft)
novel	Roman	*Novelle*	short story; short novel
ordinary	gewöhnlich; alltäglich	*ordinär*	vulgar; common; low
the other day	neulich; vor einigen Tagen	*am anderen Tag*	the following day
to overhear	zufällig hören; belauschen	*überhören*	to miss (Worte); no to catch; to ignore (absichtlich)
paragraph	Absatz; Abschnitt; Stelle	*Paragraph*	section; article (im Text)
physician	Arzt	Physiker	physicist
postmark	Poststempel	*Briefmarke*	(postage) stamp
pregnant	schwanger	*prägnant*	precise
prospect	Aussicht; Anblick	*Prospekt*	prospectus; brochure
provision	Vorrat; Vorsorge	*Provision*	commission
rash	übereilt; unbesonnen	*rasch*	quick; swiftly; speedy

rate	Maß; Verhältnis; Grad; at the ~ of mit einer Geschwindigkeit; at any ~, auf jeden Fall; by ~s, auf Raten	*Rate*	instalment
receipt	Empfang; Quittung	*Rezept*	prescription (Medizin); recipe (Kochen)
rent	Miete; Pacht	*Rente*	pension
to ring	läuten	*ringen*	to wrestle
salad	jeglicher Salat	*Kopfsalat*	lettuce
sensible	fühlbar; merklich; vernünftig	*sensibel*	sensitive
spleen	üble Laune	*Spleen*	craze (to be crazy)
stadium	Stadion	*Stadium*	stage; phase
to starve	(ver)hungern ~ to death	*sterben*	to die
stool	Schemel	*Stuhl*	chair
stream	Bach; Strom von Worten; Strömung	*Strom*	river
strong	stark	*streng*	severe; rigid; strict
technique	Technik (eines Künstlers) Art der Ausführung; Fertigkeit	*Technik* (als Wissenschaft)	technical science; technology
trouble	Mühe; Verdruß; Sorge	*Trubel*	disturbance; bustle; confusion

undertaker	Leichenbestatter	*Unternehmer*	manager; employer (Arbeitgeber); contractor (vertragl. Unternehmer)
virtuous	tugendhaft	*virtuos*	masterly
to wander	umherstreifen; ziellos bummeln	*wandern*	to hike; to hitchhike (per Anhalter reisen)
warehouse	Lagerhaus; Speicher	*Warenhaus*	(department) store

Bei einigen gleichklingenden Wörtern ist der Sinn teilweise ebenfalls gleich, aber die Hauptbedeutung anders:

	bedeutet vor allem:	*daneben aber auch:*
barracks	Kaserne	Baracken (huts)
delicate	zart; heikel	delikat; lecker (delicious)
discretion	Besonnenheit; Belieben	Verschwiegenheit (secrecy)
famous	berühmt	famos (excellent)
moonshine	Schwindel; Unsinn (all moonshine)	Mondschein (moonlight)
neck	Hals	Nacken, nape (of the neck)
process	Fortschreiten; Verlauf; Verfahren	Prozeß; Rechtsverfahren (law suit); Zivilprozeß; Strafprozeß (trial)
residence	Wohnsitz place of residence	Residenz
seam	Naht	Saum (hem)

sensation	Empfindung; Gefühl	Sensation
solid	fest; dicht; stark	solide (reliable, steady)
true	wahr; richtig; aufrichtig	treu (faithful, loyal)

Merke:

Minister	bedeutet nicht nur Minister
(Secretary of State)	sondern auch
	Geistlicher (Freikirche),
	(röm.-kath.: priest),
	(Church of England: vicar, rector, curate)

Abschließend noch der Hinweis auf einen weiteren „false friend", der einem englischen Geschäftsmann erhebliche Unannehmlichkeiten bereitete. Nachdem er sich in London an einem Spracheninstitut intensiv auf seine Deutschlandreise vorbereitet hatte, wollte er am Tag seines Rückflugs seine neugewonnenen Sprachkenntnisse anwenden und fragte die Lufthansa-Stewardess bei der Auskunft: „Wann geht das nächste Flugzeug nach Heathrow, bitte?" Er bekam die freundliche Auskunft: „Um halb sechs, mein Herr!" Als er nun um 18 Uhr einchecken wollte, teilte man ihm mit, daß die Maschine pünktlich um 17.30 Uhr abgehoben hatte.

half six = *halb sieben.*

4. Probleme bei Zahlen und Daten

a. Zahlen

Zum Abschluß empfiehlt sich noch ein kurzer Hinweis auf einige Probleme bei der Übersetzung von Zahlen. Bis hin zum Millionenbereich gibt es eigentlich keine Abweichungen, wenn man einmal von der unterschiedlichen Verwendung von Komma und Punkt ausgeht:

Deutsch: EUR 15 000,00

Englisch: EUR15,000.00

(Man beachte auch die Tatsache, daß im Englischen kein Leerschritt zwischen Währungsbezeichnung und Zahl steht!) Probleme gibt es aber im Milliarden-, Billionen- und Trillionenbereich, da das englische Wort ,,milliard'' zwar noch in den Wörterbüchern aufgeführt, in der Praxis jedoch nicht mehr verwendet wird. Zudem unterscheiden sich hier das britische und amerikanische Englisch noch häufig, auch wenn die amerikanische Ausdrucksweise in Großbritannien immer häufiger wird:

Deutsch	£ 3 Milliarden
American English	£3 billion (3bn)
British English	£3,000 million (3,000m)

Dementsprechend:

Deutsch	$ 2 Billionen
American English	$2 trillion (2tr)
British English	$2 billion (2bn)

Deutsch	Lit. 2 Billiarden
American English	Lit.2 quadrillion
British English	Lit.2 trillion or Lit. 2,000 billion

Deutsch	Lit. 1 Trillion
American English	Lit.1 quintillion
British English	Lit.1,000 trillion.

Dieses recht komplizierte System befindet sich jedoch, wie gesagt, auf dem Wege der Vereinfachung, da sich der amerikanische Gebrauch weltweit immer stärker durchsetzt und der traditionelle Widerstand in Großbritannien nachläßt. Die angesehene britische Wirtschaftszeitung FINANCIAL TIMES benutzt seit geraumer Zeit ausschließlich die amerikanische Schreibweise, ebenso wie das UK-Wirtschaftsmagazin THE ECONOMIST.

b. Daten

Auch hier gibt es Abweichungen zwischen britischer und amerikanischer Schreibweise, wie europäische Besitzer von Digitaluhren mit Datumsangabe wissen:

Deutsch	15. April 2008
British English	15(th) April 2008
American English	April 15(th), 2008

Solange der Monatsname angegeben ist, kann es zu Verwirrungen wohl kaum kommen. Bei Zahlenfolgen sieht es aber anders aus:

Deutsch	15. 4. 2008
British English	15/4/08
American English	4/15/08

Diese Schreibweise ist jedoch seltener zu finden und muß in Geschäftsbriefen oder Dokumenten absolut vermieden werden, d. h. der Monatsname muß im Englischen stets ausgeschrieben werden.